Impressum
Verlag: BABADADA GmbH, Nedderfeld 112 , 22529 Hamburg
Geschäftsführer / Verlagsleitung: Harald Hof
Druck: Books on Demand GmbH, In de Tarpen 42, 22848 Norderstedt

Imprint
Publisher: BABADADA GmbH, Nedderfeld 112 , 22529 Hamburg, Germany
Managing Director / Publishing direction: Harald Hof
Print: Books on Demand GmbH, In de Tarpen 42, 22848 Norderstedt

# Schuel
## 學校

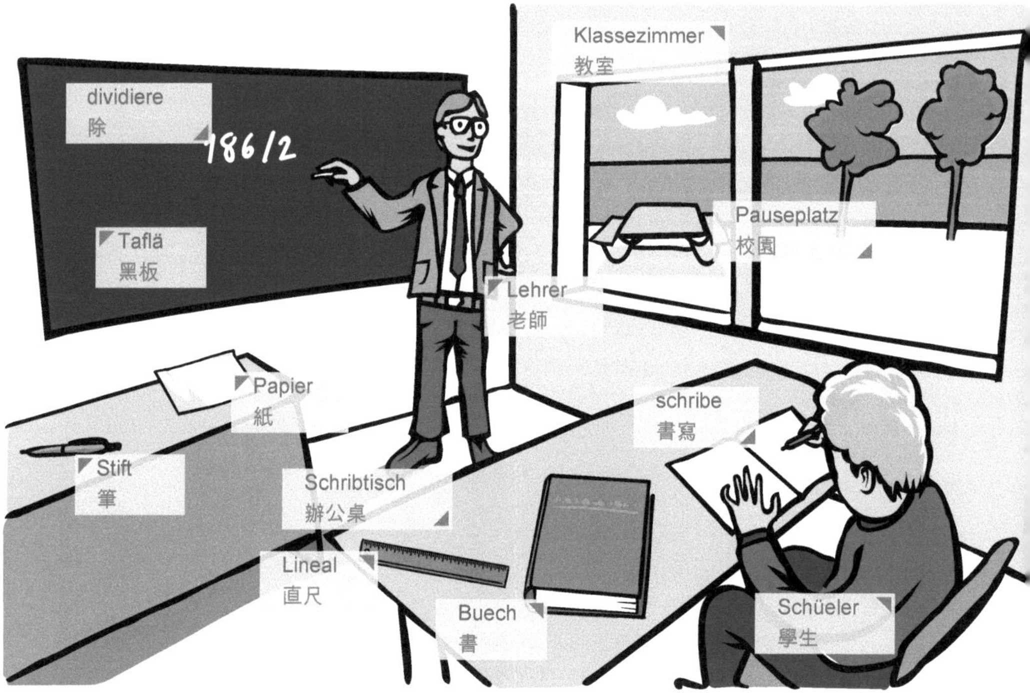

Klassezimmer
教室
dividiere
除
186/2
Tafla
黑板
Pauseplatz
校園
Lehrer
老師
Papier
紙
schribe
書寫
Stift
筆
Schribtisch
辦公桌
Lineal
直尺
Buech
書
Schüeler
學生


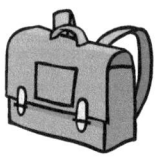

Thek
書包

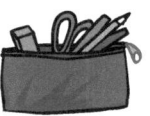

Etui
鉛筆盒

Bleistift
鉛筆

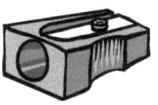

Spitzer
削鉛筆機

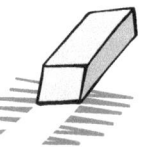

Radiergummi
橡皮擦

Zeicheblock
畫板

Zeichnig

圖畫

Pinsel

畫筆

Malchaschte

顏料盒

Schär

剪刀

Liim

膠水

Üebigsheft

練習冊

Huusufgabe

家庭作業

Zahl

數字

addiere

加

subtrahiere

減

multipliziere

乘

rächne

計算

Buechstabe

字母

Alphabet

字母表

Wort

字

Text

課文

läse

讀

Kriide

粉筆

Lektion

上課

Klassäbuech

登記

Prüefig

考試

Zügnis

證書

Schueluniform

校服

Usbildig

教育

Enzyklopädie

百科全書

Universität

大學

Mikroskop

顯微鏡

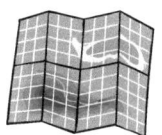

Charte

地圖

Papierchorb

廢紙簍

# Reis
## 旅行

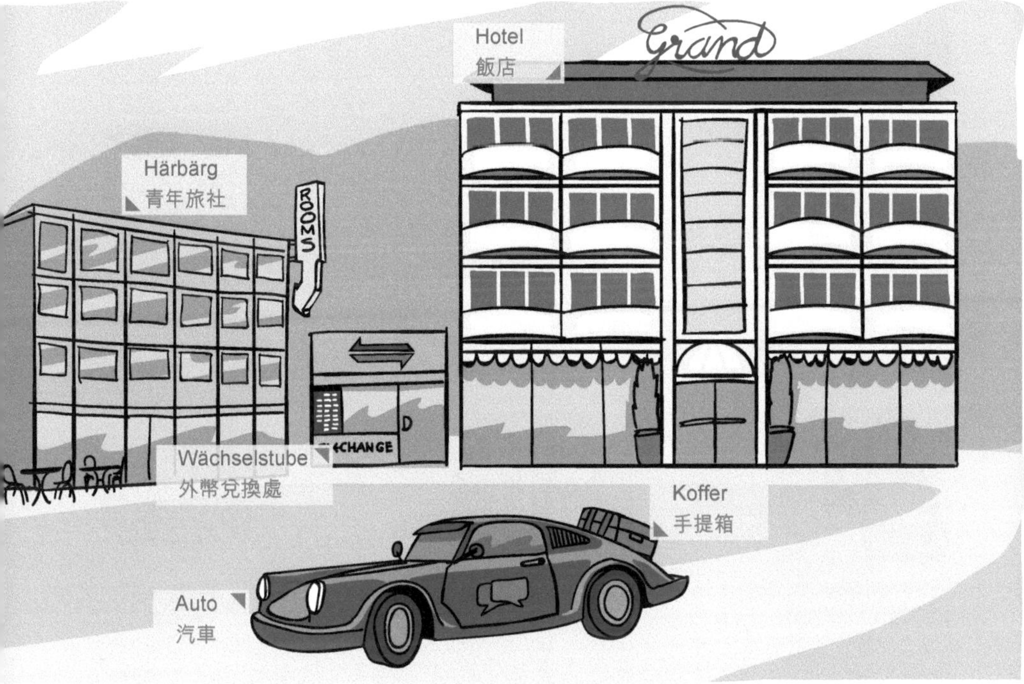
Hotel
飯店
Grand
Härbärg
青年旅社
ROOMS
Wächselstube
外幣兌換處
Koffer
手提箱
Auto
汽車

Sprach
語言

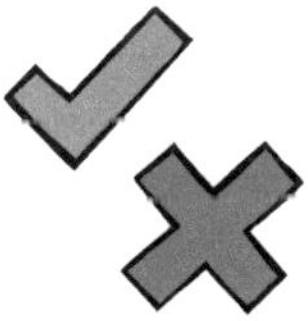

jo / nei
是/否

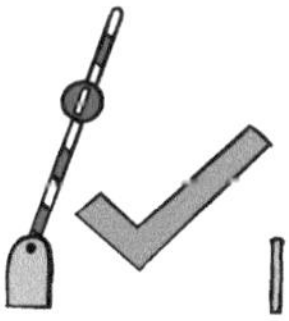

okay
好的

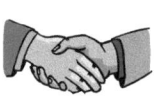

Hallo
您好

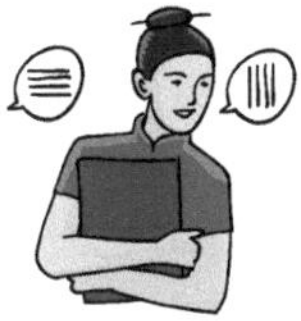

Dolmetscher
翻譯人員

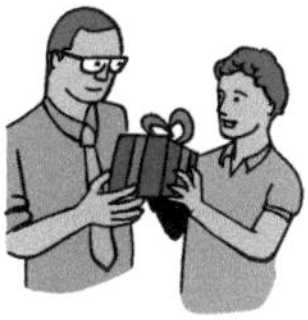

Dankä
謝謝

Was chostet…?

……多少錢？

Ich vrstahs nöd

我不明白

Problem

問題

Guete Abig!

晚上好！

guete Morgä!

早上好！

guete Abig!

晚安！

Uf Wiederseh

再見

Richtig

方向

Bagaasch

行李

Täsche

包

Rucksack

背包

Gast

客人

Ruum

房間

Schlafsack

睡袋

Zält

帳篷

Touristeninformation

旅行資訊

Strand

海灘

Kreditkarte

信用卡

Zmorge

早餐

Zmittag

午餐

Znacht

晚餐

Billet

票

Ufzug

電梯

Briefmarke

郵票

Gränze

邊界

Zoll

海關

Botschaft

大使館

Visum

簽證

Pass

護照

# Transport
## 交通運送

Flugzüg
飛機

Schiff
船

Füürwehr
消防車

Bus
公車

Lastwage
卡車

Motorboot
汽艇

Velo
腳踏車

Auto
汽車

Fähri

渡輪

Boot

小船

Töff

機車

Polizeiauto

警車

Rännauto

賽車

Mietwage

租車

Carsharing

拼車

Abschleppwage

拖車

Chübelwage

垃圾車

Motor

馬達

Benzin

汽油

Tankstell

加油站

Verkehrsschild

交通標識

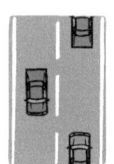

Verchehr

交通

Stau

交通堵塞

Parkplatz

停車場

Bahnhof

火車站

Schiene

軌道

Zug

火車

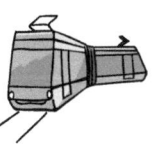

Strassebahn

路面電車

Wagon

客車廂

Helikopter
直升機

Flughafe
機場

Tower
塔

Passagier
乘客

Container
集裝箱

Karton
紙板箱

Chare
手推車

Korb
籃子

starte / lande
起飛/降落

## Stadt
## 城市

Dorf
村莊

Stadtzentrum
市中心

Huus
房子

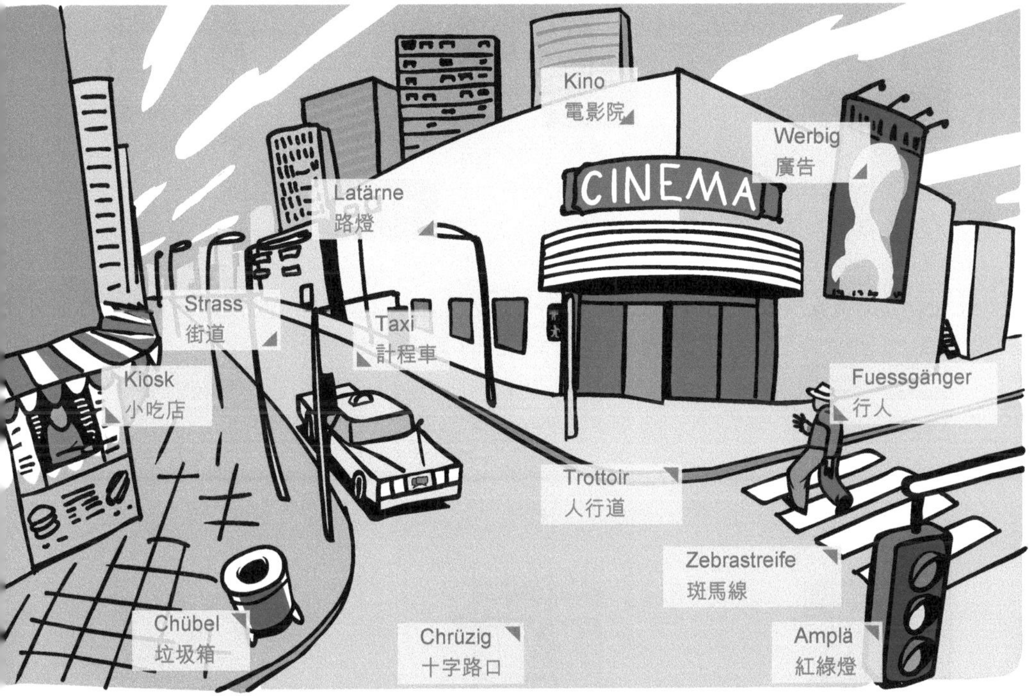
Kino
電影院
CINEMA
Werbig
廣告
Latärne
路燈
Strass
街道
Taxi
計程車
Kiosk
小吃店
Fuessgänger
行人
Trottoir
人行道
Zebrastreife
斑馬線
Chübel
垃圾箱
Chrüzig
十字路口
Amplä
紅綠燈

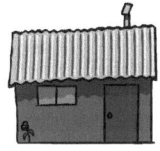

Hütte

小屋

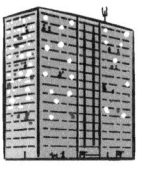

Wohnig

公寓

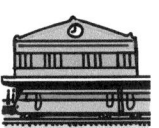

Bahnhof

火車站

Gmeindshuus

市政廳

MUSEUM

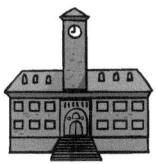

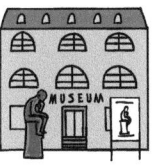

Museum

博物館

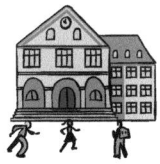

Schuel

學校

Universität

大學

Bank

銀行

Spital

醫院

Hotel

飯店

Apotheke

藥房

Büro

辦公室

Buechgschäft

書店

Gschäft

商店

Bluemelade

花店

Läbensmittellade

超市

Märt

市場

Chaufhuus

百貨商店

Fischhändler

魚店

Iihkaufszentrum

購物中心

Hafe

海港

Park

公園

Bank

長凳

Brugg

橋

Stäge

樓梯

U-Bahn

捷運

Tunnell

隧道

Bushaltestell

公車站

Bar

酒吧

Restaurant

餐館

Briefchastä

郵筒

Strasseschild

路標

Parkuhr

停車計時器

Zolli

動物園

Badi

游泳池

Moschee

清真寺

Buurehof

農場

Umwältvrschmutzig

污染

Fridhof

墓地

Chile

教堂

Spielplatz

操場

Tämpel

寺廟

# Landschaft

## 地形

Blatt
樹葉

Wägwiiser
指示牌

Wäg
路

Wise
草地

Stei
石頭

Baum
樹

Wanderer
徒步旅行者

Fluss
河

Gras
草

Bluamä
花

Tal

峽谷

Bärg

丘陵

See

湖

Wald

森林

Wüeschti

沙漠

Vulkan

火山

Schloss

城堡

Rägeboge

彩虹

Pilz

蘑菇

Palme

棕櫚樹

Moskito

蚊子

Fliege

蒼蠅

Ameise

螞蟻

Biendli

蜜蜂

Spinne

蜘蛛

Chäfer

甲蟲

Frosch

青蛙

Eichhörnli

松鼠

Igel

刺蝟

Haas

野兔

Üle

貓頭鷹

Vogu

鳥

Schwan

天鵝

Wildschwein

野豬

Hirsch

鹿

Elch

麋鹿

Damm

水壩

Windturbine

風力發電機

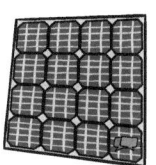

Sunnekollektor

太陽能電池板

Klima

氣候

# Restaurant
## 餐館

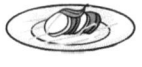

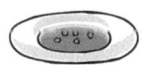

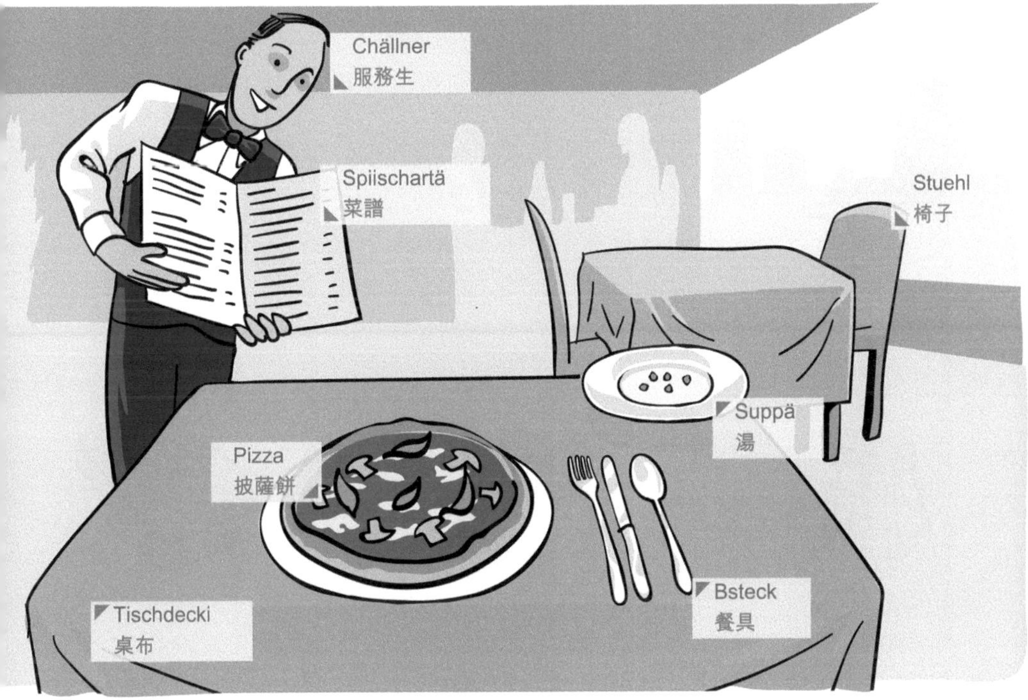
Chällner
服務生
Spiischartä
菜譜
Stuehl
椅子
Suppä
湯
Pizza
披薩餅
Bsteck
餐具
Tischdecki
桌布

Vorspiies

前菜

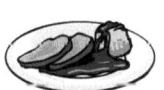

Hauptgricht

主菜

Dessert

甜點

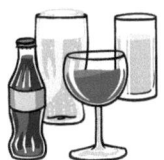

Getränk

飲料

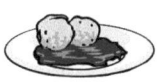

Läbensmittel

食物

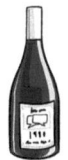

Fläsche

瓶子

**Fast Food**

速食

**Street Food**

街邊小吃

**Teechanne**

茶壺

**Zuckerdosä**

糖盒

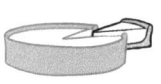

**Portion**

一份飯菜

**Espressomaschine**

義式咖啡機

**Hochstuehl**

高腳椅

**Rächnig**

帳單

**Tablett**

托盤

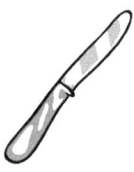

**Mässer**

刀

**Gable**

餐叉

**Löffel**

勺子

**Teelöffel**

茶匙

**Serviette**

餐巾

**Glas**

玻璃杯

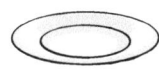

Täller

碟子

Suppetällär

湯盤

Untertasse

碟子

Sose

醬

Salzstreuer

鹽瓶

Pfäffermühli

胡椒研磨罐

Essig

醋

Öl

食用油

Gwürz

調味料

Ketchup

番茄醬

Sänf

芥末

Mayonnaise

美乃滋

# Läbensmittellade

## 超市

Ahgebot
特價
FOR
Chund
顧客
Milchprodukt
乳製品
Frücht
水果
lichaufswage
購物車

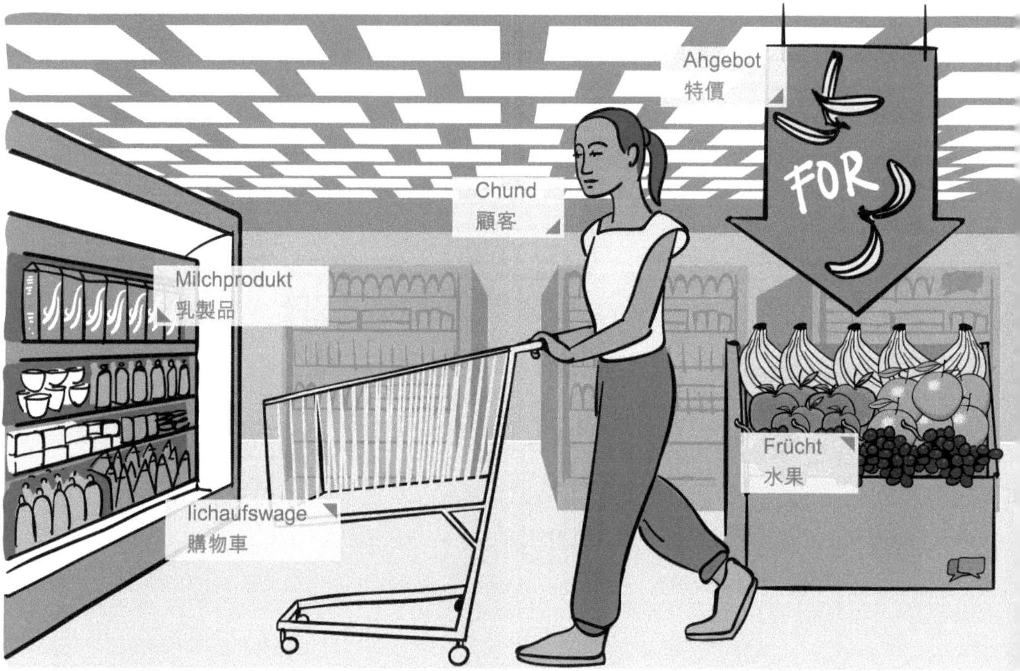

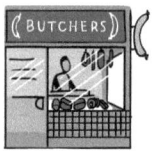

BUTCHERS

Schlachter

肉鋪

BAKERY

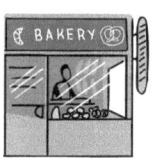

Beck

麵包店

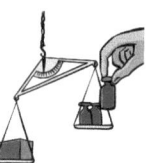

wiege

稱重

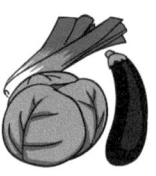

Gmües

蔬菜

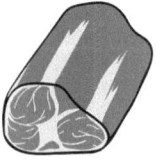

Fleisch

肉

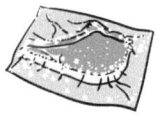

Tiefkühlprodukt

冷凍食品

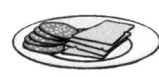

**Ufschnitt**

冷盤

**die Konsärve**

罐頭食品

**Wöschmittel**

洗衣粉

**Süessigkeite**

甜食

**Huushaltartikel**

日用品

**Putzmittel**

清潔用品

**Verchäuferin**

銷售員

**Kassä**

收銀機

**Kassierer**

收銀員

**Ihchaufsliste**

購物清單

**Öffnigszite**

開放時間

**das Portemonnaie**

錢包

**Kreditkarte**

信用卡

**Täsche**

袋子

**Plastiksack**

塑膠袋

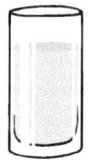

Wasser

水

Saft

果汁

Milch

牛奶

Cola

可樂

Wii

紅酒

Bier

啤酒

Alkohol

酒

Ovi

可可

Tee

茶

Kafi

咖啡

Espresso

義式濃縮咖啡

Cappuccino

卡布奇諾

Banane

香蕉

Öpfel

蘋果

Orange

柳丁

Melone

西瓜

Zitrone

檸檬

Rüebli

胡蘿蔔

Chnoobli

大蒜

Bambus

竹子

Zwiblä

洋蔥

Pilz

蘑菇

Nüss

堅果

Nudle

麵條

Spaghetti

義大利麵

Riis

米飯

Salat

沙拉

Pommfrit

薯條

Bratherdöpfel

炸馬鈴薯

Pizza

披薩餅

Hamburgär

漢堡

Sandwich

三明治

Gotlett

炸豬排

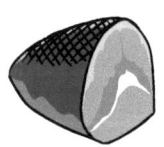

Schinkä

火腿

Salami

義大利臘腸

Würschtli

香腸

Huehn

雞肉

Bratä

烤肉

Fisch

魚

Haferflocke

燕麥片

Müesli

木斯里

Cornflakes

玉米片

Mähl

麵粉

Gipfeli

牛角麵包

Brötli

麵包捲

Brot

麵包

Toscht

吐司

Guetzli

餅乾

Butter

奶油

Quark

凝乳

Chueche

蛋糕

Ei

蛋

Spiegelei

煎蛋

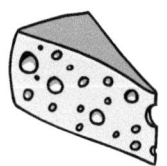

Chäs

起司

Glace

冰淇淋

Zucker

糖

Honig

蜂蜜

Gonfi

果醬

Nougat-Creme

巧克力醬

Curry

咖哩

# Buurehof
## 農場

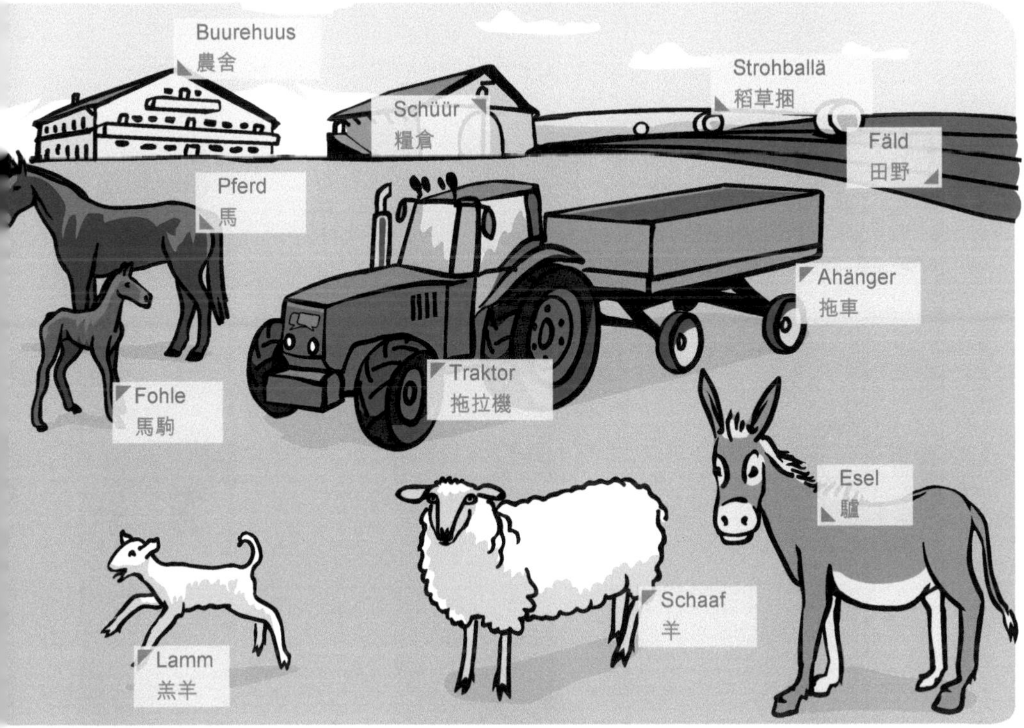
Buurehuus
農舍
Schüür
糧倉
Strohballä
稻草捆
Fäld
田野
Pferd
馬
Ahänger
拖車
Traktor
拖拉機
Fohle
馬駒
Esel
驢
Schaaf
羊
Lamm
羔羊

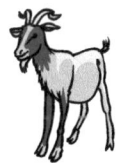

Geiss

山羊

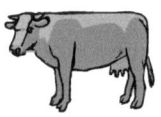

Chueh

奶牛

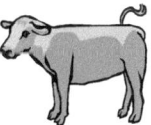

Chalb

小牛

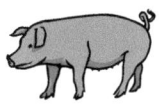

Sau

豬

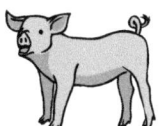

Ferkel

小豬

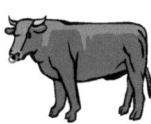

Rind

公牛

Gans

鵝

Änte

鴨

Küke

小雞

Huähn

母雞

Güggel

公雞

Ratte

鼠

Chatz

貓

Muus

老鼠

Ochse

牛

Hund

狗

Hundehütte

狗屋

Garteschluuch

花園澆水軟管

Giesschanne

澆水壺

Sägese

長柄大鐮刀

Pflueg

犁

Sichel

鐮刀

Hacke

鋤頭

Heugable

長柄草耙

Axt

斧頭

Garette

獨輪手推車

Trog

飼料槽

Milchchanne

牛奶罐

Sack

麻布袋

Haag

柵欄

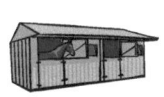

Gadä

馬廐

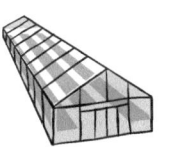

Gwächshuus

溫室

Bode

土壤

Soome

種子

Dünger

肥料

Mähdrescher

聯合收割機

ärnte

收割

Ärnte

收割

Yamswurzle

地瓜

Weize

小麥

Soja

大豆

Härdöpfel

土豆

Mais

玉米

Raps

油菜籽

Obstbaum

果樹

Maniok

樹薯

Getreide

穀物

# Huus
# 房子

Chämi
煙囪
Dach
屋頂
Rägerinne
落水管
Fänschter
窗戶
Garage
車庫
Lüüti
門鈴
Tür
門
Mülltonne
垃圾桶
Briefchaschte
信箱
Gartä
花園

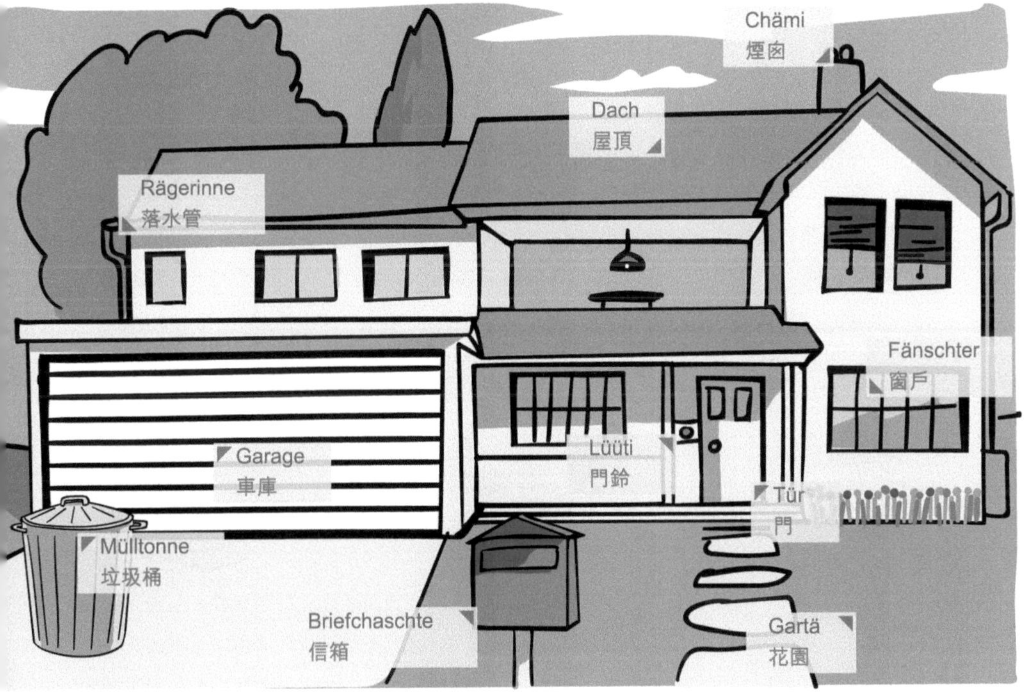

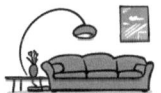

Stubä

客廳

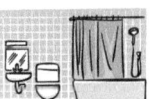

Badzimmer

浴室

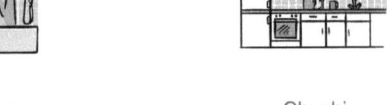

Chuchi

廚房

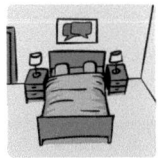

Schlofzimmer

臥室

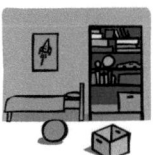

Chinderzimmer

兒童房

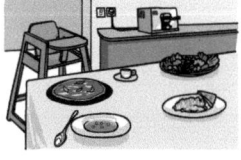

Ässzimmer

餐廳

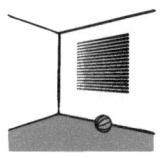

Bodä

地板

Wand

牆壁

Decki

天花板

Chäller

地窖

Sauna

三溫暖

Balkon

陽臺

Terasse

露臺

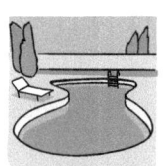

Pool

游泳池

Rasemäier

割草機

Bettbezug

被單

Bettdecki

床罩

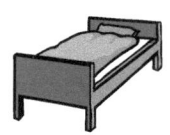

Bett

床

Bäse

掃帚

Chübel

水桶

Schalter

開關

# Stubä
## 客廳

Tapete
壁紙
Bild
相片
Lampä
檯燈
Regal
擱架
Schrank
櫥櫃
Färnseh
電視
Kamin
壁爐
Bluamä
花
Chüssi
墊子
Sofa
沙發
Vasä
花瓶
Färnbedienig
遙控器

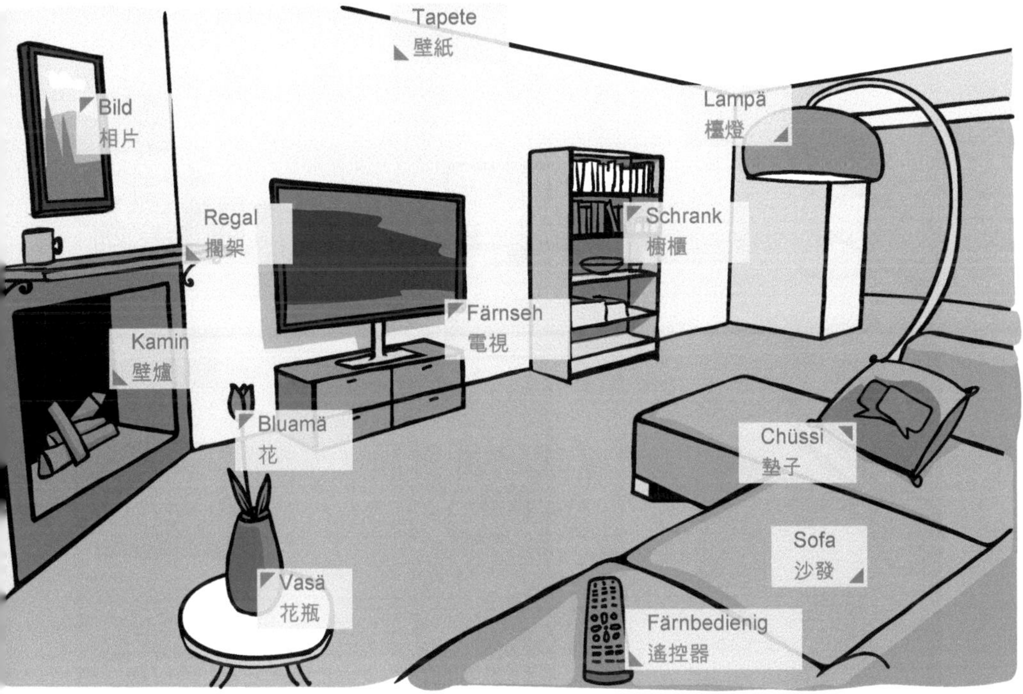

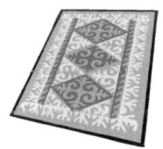

Teppich
地毯

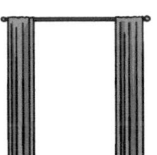

Vorhang
窗簾

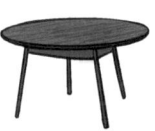

Tisch
餐桌

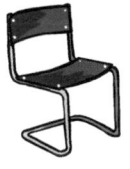

Stuehl
椅子

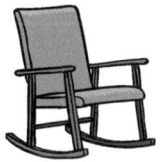

Schaukelstuehl
搖椅

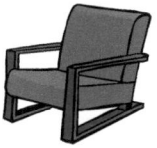

Sässel
扶手椅

Buech

書

Decki

毯子

Dekoration

裝飾品

Füürholz

木柴

Film

電影

Stereoahlag

高傳真音響

Schlüssel

鑰匙

Ziitig

報紙

Bild

油畫

Poster

海報

Radio

收音機

Notizblock

筆記本

Staubsuuger

吸塵器

Kaktus

仙人掌

Chärze

蠟燭

# Chuchi
## 廚房

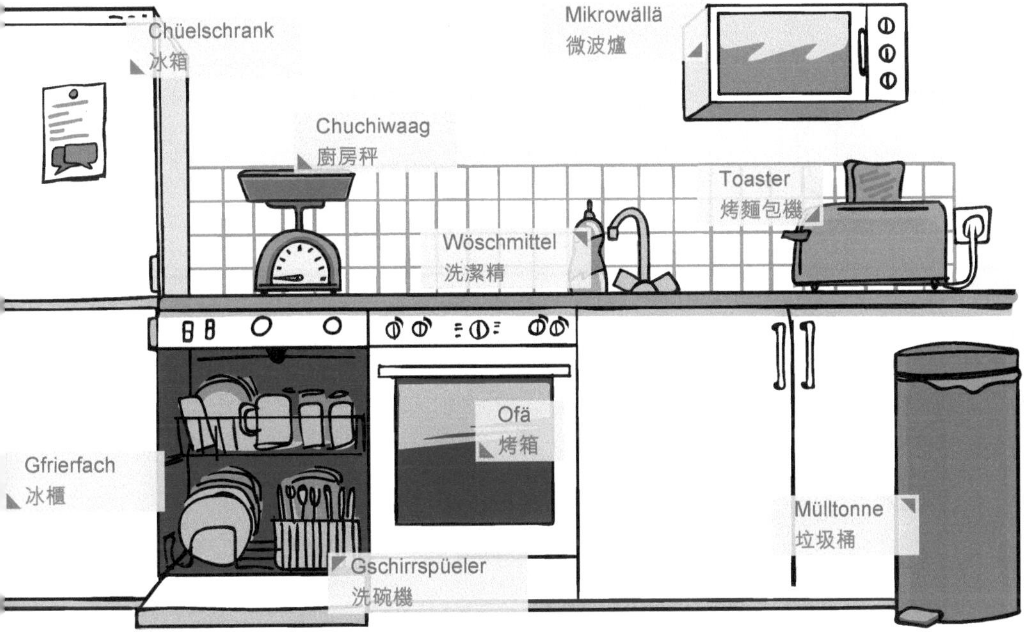

Chüelschrank
冰箱
Mikrowällä
微波爐
Chuchiwaag
廚房秤
Toaster
烤麵包機
Wöschmittel
洗潔精
Ofä
烤箱
Gfrierfach
冰櫃
Mülltonne
垃圾桶
Gschirrspüeler
洗碗機


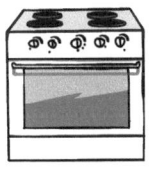

Härd

炊具

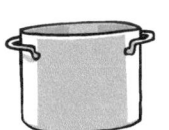

Topf

鍋

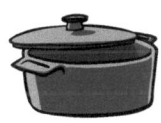

Iisetopf

鑄鐵鍋

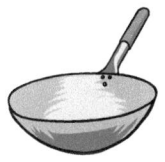

Wok / Kadai

炒鍋

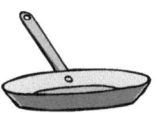

Pfanne

平底鍋

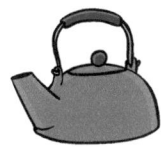

Wasserchocher

水壺

Dampfer

蒸鍋

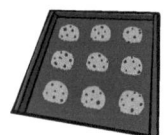

Bachbläch

烤盤

Gschirr

陶瓷鍋

Bächer

馬克杯

Schale

碗

Stäbli

筷子

Suppechellä

長柄勺

Pfannewänder

鏟子

Schneebäse

攪拌器

Sieb

濾網

Sieb

篩子

Raffle

磨碎機

Mörser

研缽

Grill

燒烤

Füürstell

明火

Schniidbrätt

菜板

Nudelholz

擀麵杖

Korkäzieher

開瓶器

Dosä

罐子

Dosäöffner

開罐器

Topflappä

隔熱手套

Wöschbecki

水槽

Bürste

刷子

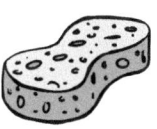

Schwumm

海綿

Mixer

攪拌機

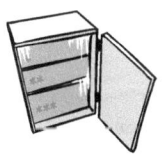

Gfrierschrank

冷藏箱

Babyfläschli

奶瓶

Hahnä

水龍頭

# Badzimmer

# 浴室

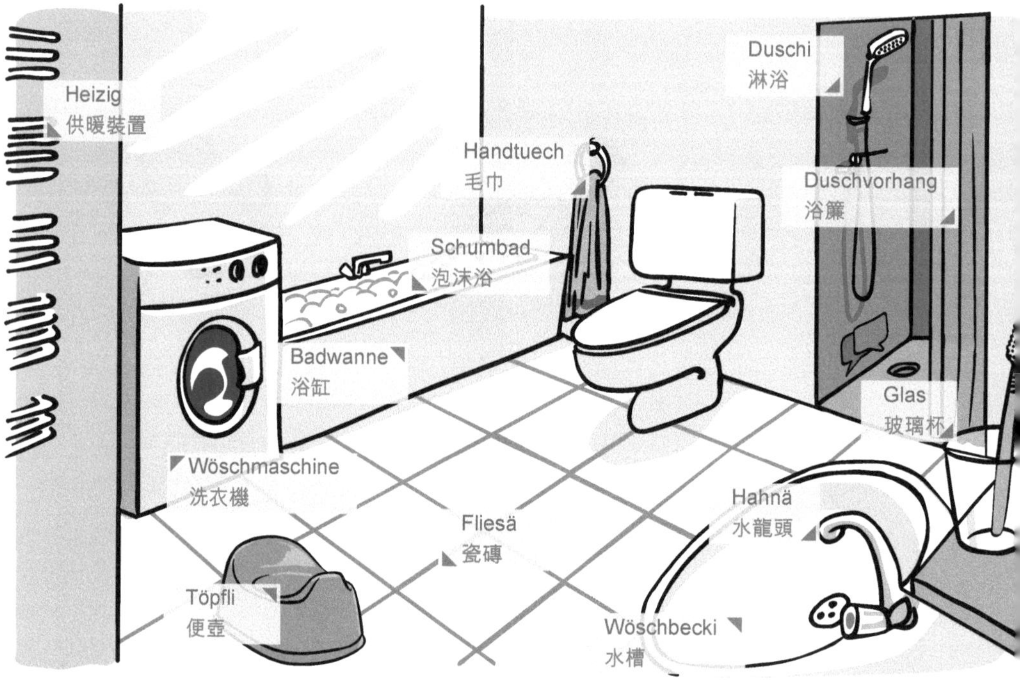

Heizig
供暖裝置
Duschi
淋浴
Handtuech
毛巾
Duschvorhang
浴簾
Schumbad
泡沫浴
Badwanne
浴缸
Glas
玻璃杯
Wöschmaschine
洗衣機
Hahnä
水龍頭
Fliesä
瓷磚
Töpfli
便壺
Wöschbecki
水槽


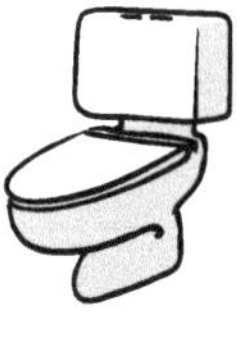

Toilette
廁所

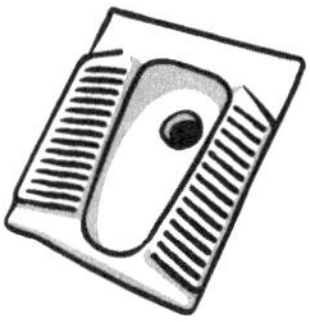

Plumpsklo
蹲便器

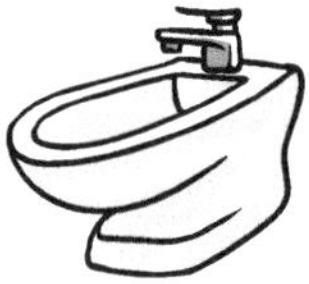

Bidet
坐浴器

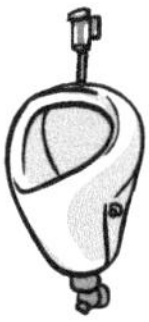

Pissoir
小便斗

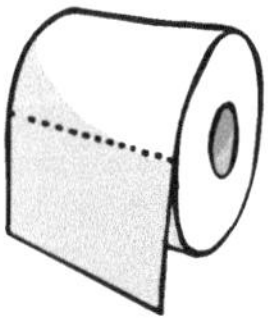

Toilettepapier
廁紙

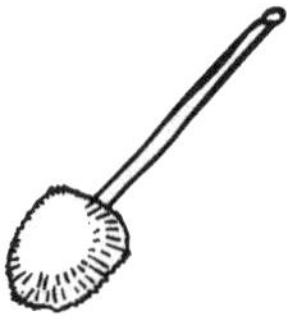

Toilettebürschteli
馬桶刷

Zahbürstä

牙刷

Zahpasta

牙膏

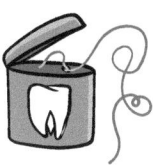

Zahnsiide

牙線

wäsche

洗

Handduschi

手持式蓮蓬頭

Intiimduschi

沖洗器

Wöschbecki

洗臉盆

Ruggäbürste

洗背刷

Seifä

肥皂

Duschgel

沐浴露

Shampoo

洗髮乳

Waschlappä

法蘭絨

Abfluss

排水

Creme

乳霜

Deo

除臭劑

Spiegel

鏡子

Handspiegel

手鏡

Rasierer

刮鬍刀

Rasierschuum

刮鬍泡沫

Aftershave

鬚後水

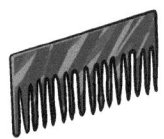

Schträäl

梳子

Bürstä

刷子

Föhn

吹風機

Hoorspray

噴髮定型劑

Makeup

化妝品

Lippestift

唇膏

Nagellack

指甲油

Wattä

化妝棉

Nagelscher

指甲剪

Parfum

香水

Necessaire

洗漱包

Schemel

凳子

Waag

計重秤

Badmantel

浴袍

Gummihändscheh

橡膠手套

Tampon

衛生棉條

Damebinde

衛生棉

chemischi Toilette

化學廁所

# Chinderzimmer

## 兒童房

Wecker
鬧鐘
Kuscheltier
毛絨玩具
Spielzügauto
玩具車
Rassle
撥浪鼓
Puppehuus
玩具屋
Gschänk
禮物

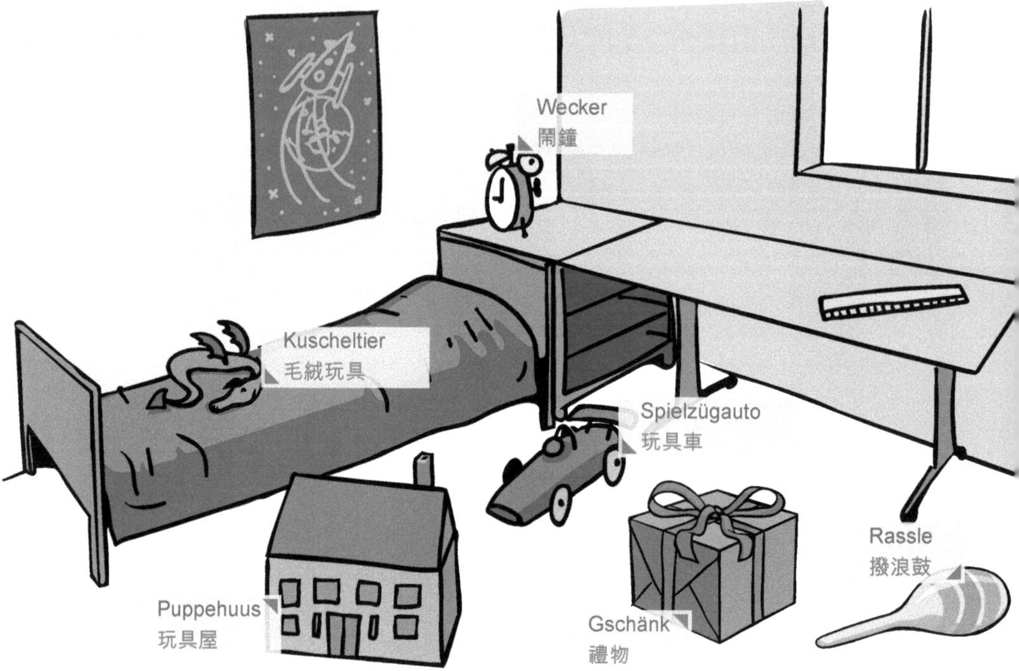

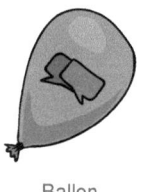

Ballon

氣球

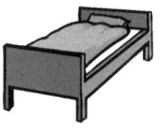

Bett

床

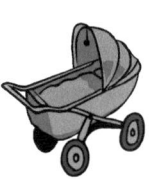

Chinderwage

嬰兒車

Chartespiel

撲克牌

Puzzle

拼圖

SUPER MEGA

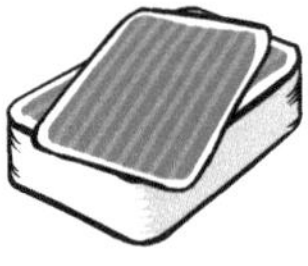

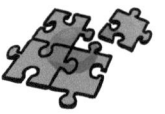

Comic

漫畫

Legos

樂高積木

Baustei

積木玩具

Action Figur

公仔

Strampli

嬰兒服

Frisbee

飛盤

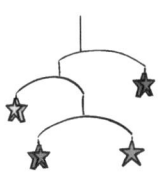

Mobile

床鈴玩具

Brättspiel

棋盤遊戲

Würfäl

骰子

Modellisebahn

火車模型

Nuggi

安撫奶嘴

Party

派對

Bilderbuch

繪本

Ball

球

Puppä

洋娃娃

spiele

玩

Sandchaschte

沙坑

Gigampfi

鞦韆

Spielzüg

玩具

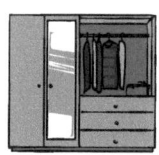

Videospielkonsole

電玩遊戲

Dreirad

三輪車

Teddy

泰迪熊

Chleiderschrank

衣櫃

## Chleidig

衣服

Sockä

襪子

Strümpf

長襪

Strumpfhosä

緊身褲

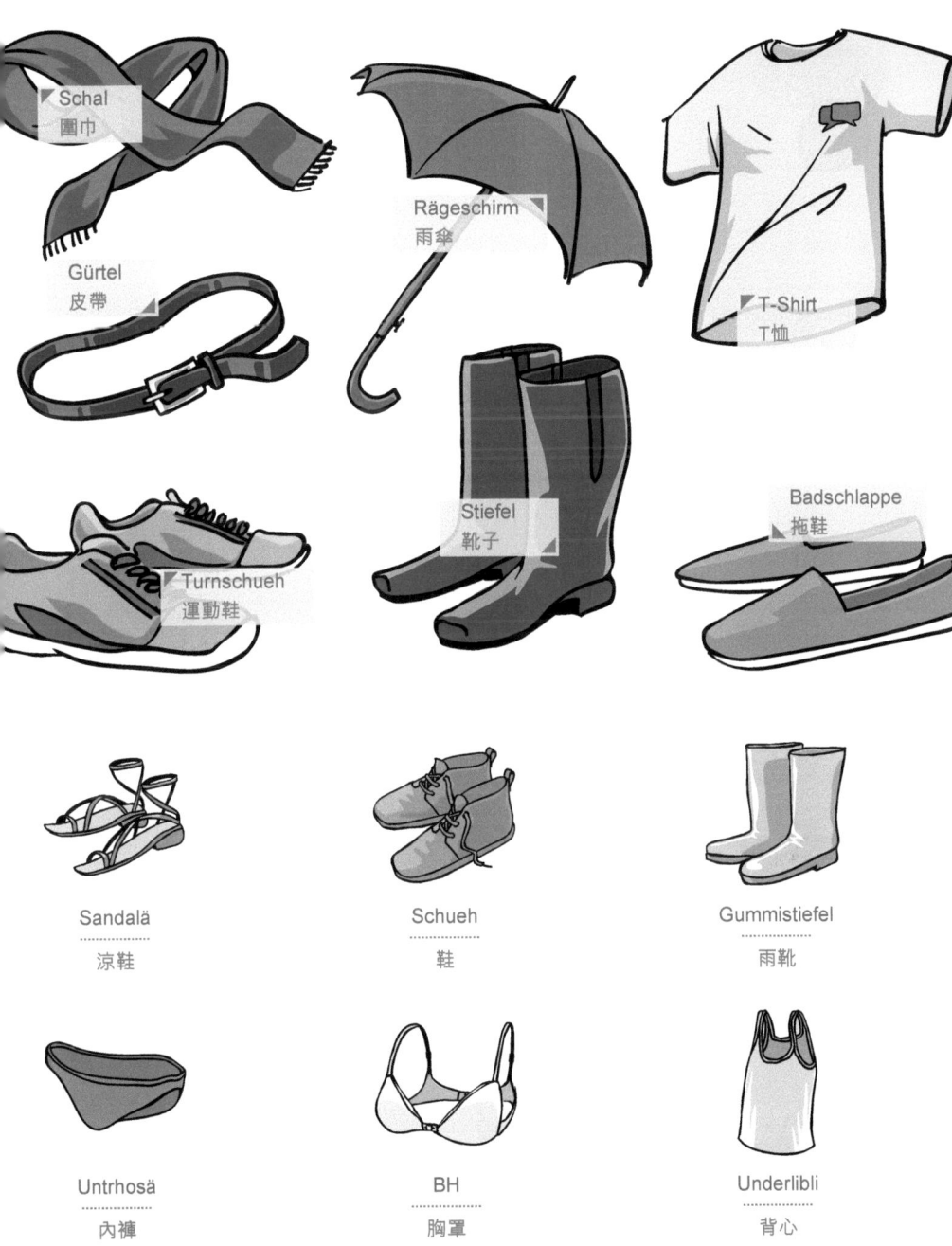

Schal
圍巾

Rägeschirm
雨傘

T-Shirt
T恤

Gürtel
皮帶

Turnschueh
運動鞋

Stiefel
靴子

Badschlappe
拖鞋

Sandalä
涼鞋

Schueh
鞋

Gummistiefel
雨靴

Untrhosä
內褲

BH
胸罩

Underlibli
背心

Body

身體

Hosä

褲子

Jeans

牛仔褲

Rock

短裙

Bluse

女式襯衫

Hömli

襯衫

Pulli

套頭衫

Kapuzepulli

連帽上衣

Blazer

西裝夾克

Jacke

夾克

Mantel

外套

Rägämantel

雨衣

Chostüm

套裝

Chleid

連衣裙

Hochziitskleid

婚紗

Ahzug

西裝

Nachthömli

睡袍

Pyjama

睡衣

Sari

莎麗

Chopftuäch

頭巾

Turban

包頭巾

Burka

波卡

Kaftan

卡夫坦

Abaya

(阿拉伯式)長袍

Badchleid

泳衣

Badhose

男式泳褲

churzi Hosä

短褲

Trainer

運動服

Schürze

圍裙

Händsche

手套

Chnopf

鈕扣

Brüllä

眼鏡

Armband

手鏈

Chetti

項鍊

Ring

戒指

Ohrering

耳環

Chappe

便帽

Chleiderbügel

衣架

Huet

帽子

Grawattä

領帶

Riissverschluss

拉鍊

Helm

安全帽

Hosäträger

背帶

Schueluniform

校服

Uniform

制服

Lätzli

圍兜

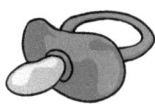

Nuggi

安撫奶嘴

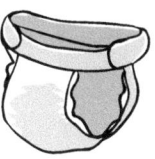

Windle

尿布

# Büro
## 辦公室

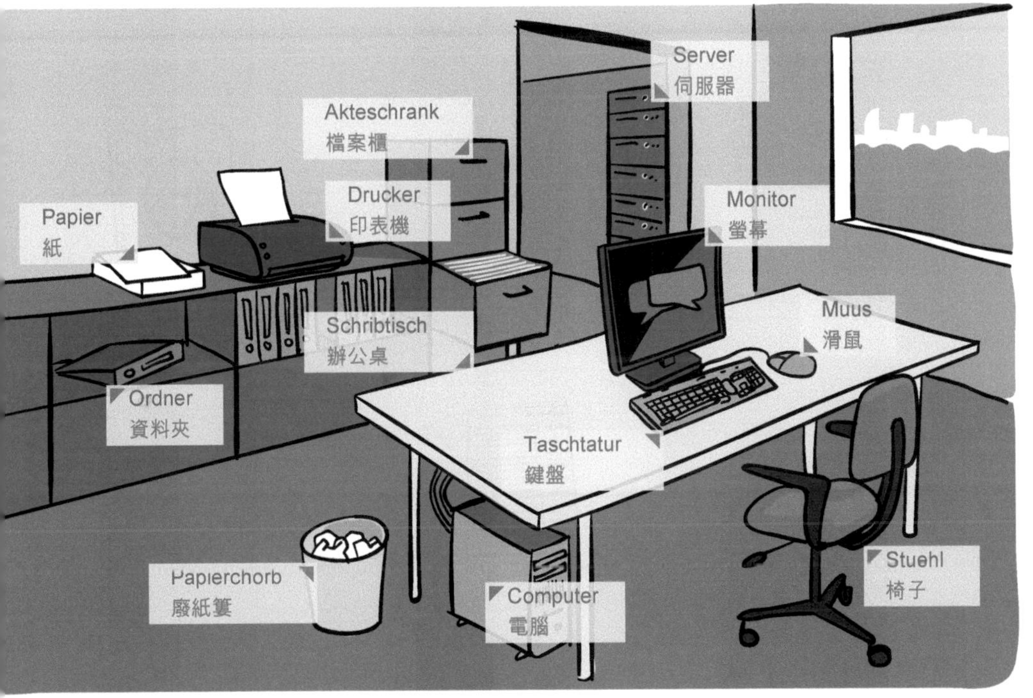

Server
伺服器

Akteschrank
檔案櫃

Drucker
印表機

Monitor
螢幕

Papier
紙

Schribtisch
辦公桌

Muus
滑鼠

Ordner
資料夾

Taschtatur
鍵盤

Papierchorb
廢紙簍

Stuehl
椅子

Computer
電腦

Kafibächer

咖啡杯

Tascherächner

計算機

Internet

網際網路

Laptop

筆記型電腦

Brief

信件

Nochricht

簡訊

Mobiltelefon

行動電話

Netzwärk

網路

Kopierer

影印機

Software

軟體

Telefon

電話

Steckdosä

插座

Fax

傳真機

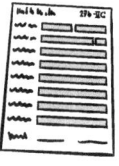

Formular

表格

Dokumänt

檔案

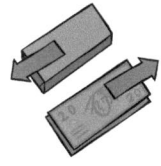

chaufe

買

zahle

付錢

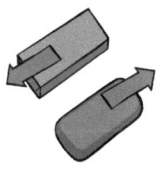

handle

交易

Gäld

現金

Dollar

美元

Euro

歐元

Yen

日元

Rubel

盧布

Frankä

瑞士法郎

Renminbi Yuan

人民幣

Rupie

盧比

Gäldautomat

提款處

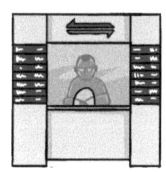

Wächselstube

外幣兌換處

Gold

金

Silber

銀

Öl

石油

Energie

能源

Priis

價格

Vertrag

合約

Stüür

稅金

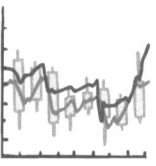

Aktie

股票

schaffe

工作

Mitarbeiter

職員

Arbeitgeber

老闆

Fabrik

工廠

Gschäft

商店

Polizischt
警官

Füürwehrmaa
消防員

Choch
廚師

Arzt
醫師

Pilot
飛行員

Gärtner

園丁

Zimmermah

木匠

Näheri

裁縫

Richter

法官

Chemiker

化學家

Darsteller

演員

Busfahrer

公車司機

Taxifahrer

計程車司機

Fischer

漁夫

Putzfrau

清洗女工

Dachdecker

屋頂工

Chällner

服務生

Jäger

獵人

Moler

畫家

Bäcker

麵包師

Elektriker

電工

Bauarbeiter

建築工人

Ingenieur

工程師

Schlachter

屠夫

Klämpner

水管工

Pöschtler

郵差

Soldat

士兵

Architekt

建築師

Kassierer

收銀員

Florischt

花農

Frisör

理髮師

Kontrolleur

售票員

Mechaniker

機械技師

Kapitän

船長

Zahnarzt

牙醫

Wüsseschaftler

科學家

Rabbi

拉比

Imam

伊瑪目

Mönch

和尚

Pfarrer

牧師

# Werkzüüg

## 工具

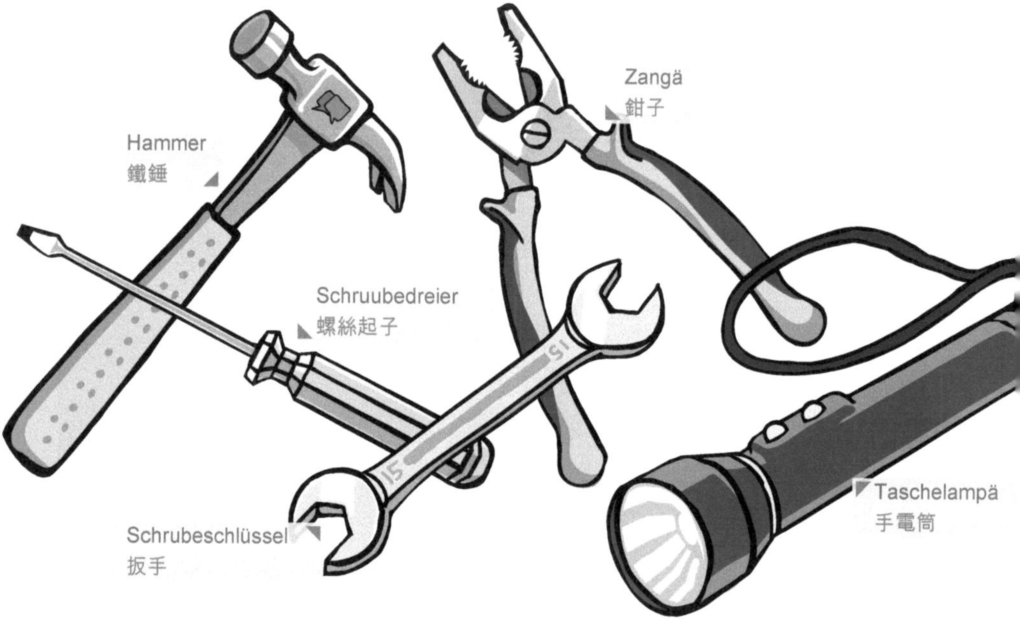
Hammer
鐵錘
Zangä
鉗子
Schruubedreier
螺絲起子
Schrubeschlüssel
扳手
Taschelampä
手電筒

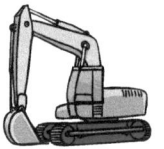

Bagger
挖掘機

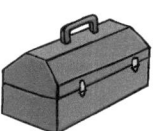

Werkzüügchaschte
工具箱

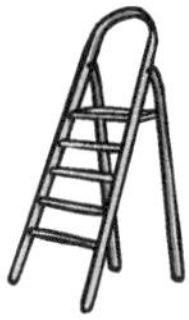
Leitere
梯子

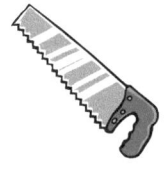

Sagi
鋸子

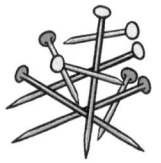

Negel
釘子

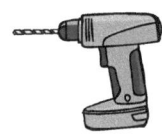

Bohrer
鑽機

flicke
修

Schufle
鏟子

Mischt!
糟糕！

Ascheschufle
畚箕

Farbchübel
油漆桶

Schruube
螺絲

# Musiginstrumänt
## 樂器

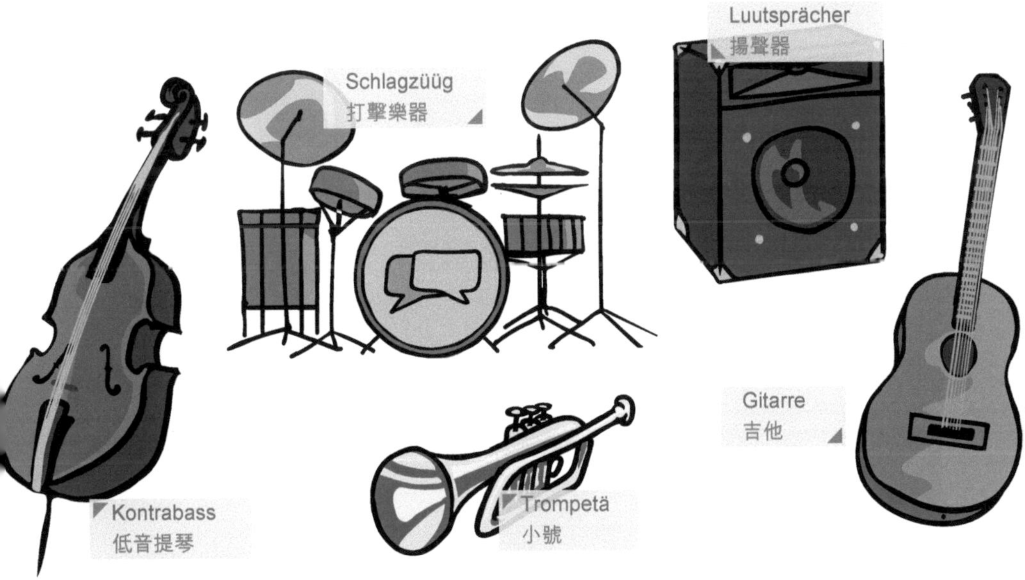

Schlagzüüg
打擊樂器

Luutsprächer
揚聲器

Gitarre
吉他

Kontrabass
低音提琴

Trompetä
小號

Klavier

鋼琴

Violine

小提琴

Bass

貝斯

Pauke

定音鼓

Trummle

鼓

Keyboard

電子琴

Saxophon

薩克斯風

Flöte

長笛

Mikrofon

麥克風

# Zolli
## 動物園

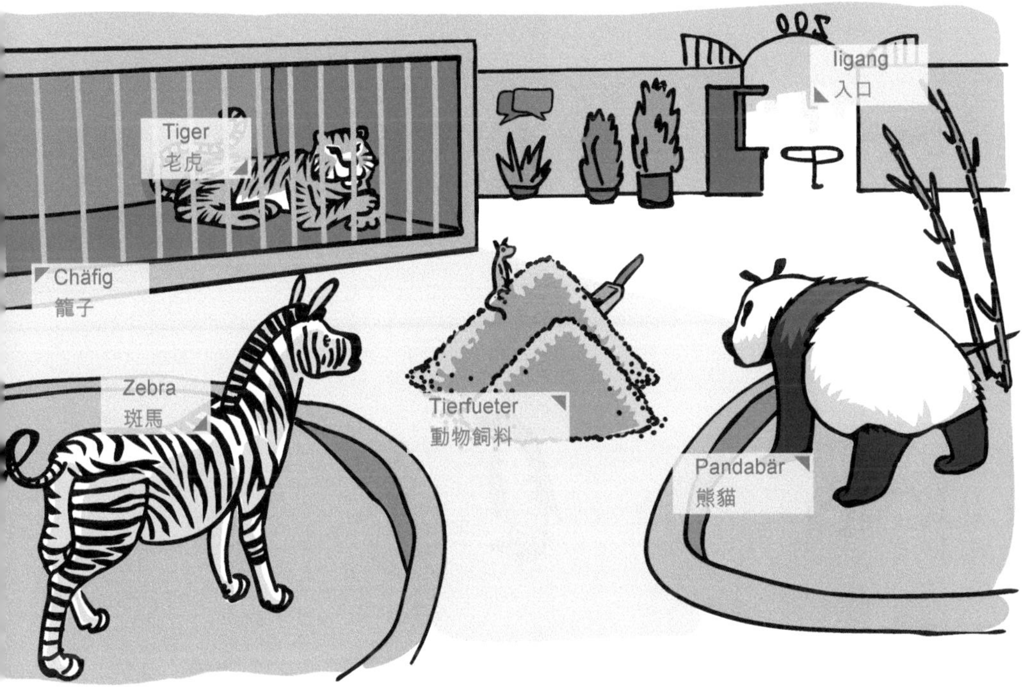
Iigang
入口
Tiger
老虎
Chäfig
籠子
Zebra
斑馬
Tierfueter
動物飼料
Pandabär
熊貓

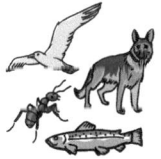

Tier

動物

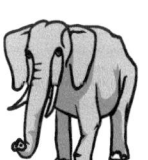

Elefant

大象

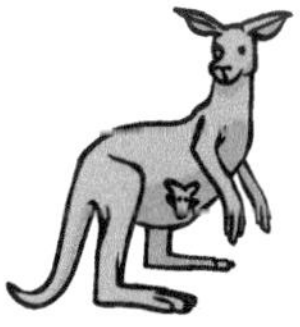

Känguru

袋鼠

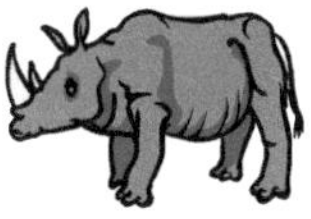

Nashorn

犀牛

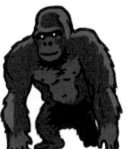

Gorilla

大猩猩

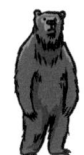

Bär

熊

Kamel

駱駝

Struss

鴕鳥

Leu

獅子

Aff

猴子

Flamingo

紅鶴

Papagei

鸚鵡

Iisbär

北極熊

Pinguin

企鵝

Hai

鯊魚

Pfau

孔雀

Schlangä

蛇

Krokodil

鱷魚

Zoowärter

動物園管理員

Robbä

海豹

Jaguar

美洲豹

Pony

矮種馬

Leopard

豹

Nilpfärd

河馬

Giraff

長頸鹿

Adler

老鷹

Wildschwein

野豬

Fisch

魚

Schildkrot

龜

Walross

海象

Fuchs

狐狸

Gazelle

羚羊

American Football
橄欖球

Velofahre
騎腳踏車

Tennis
網球

Basketball
籃球

Schwümmä
游泳

Boxä
拳擊

Iishockey
冰球

Fuessball
美式足球

Badminton
羽毛球

Liechtathletik
田徑

Handball
手球

Skifahre
滑雪

Polo
馬球

# Aktivitäte
## 活動

lachä
笑
springä
跳
umarme
擁抱
gah
走路
singe
唱
troime
做夢
bätte
祈禱
küssä
親吻

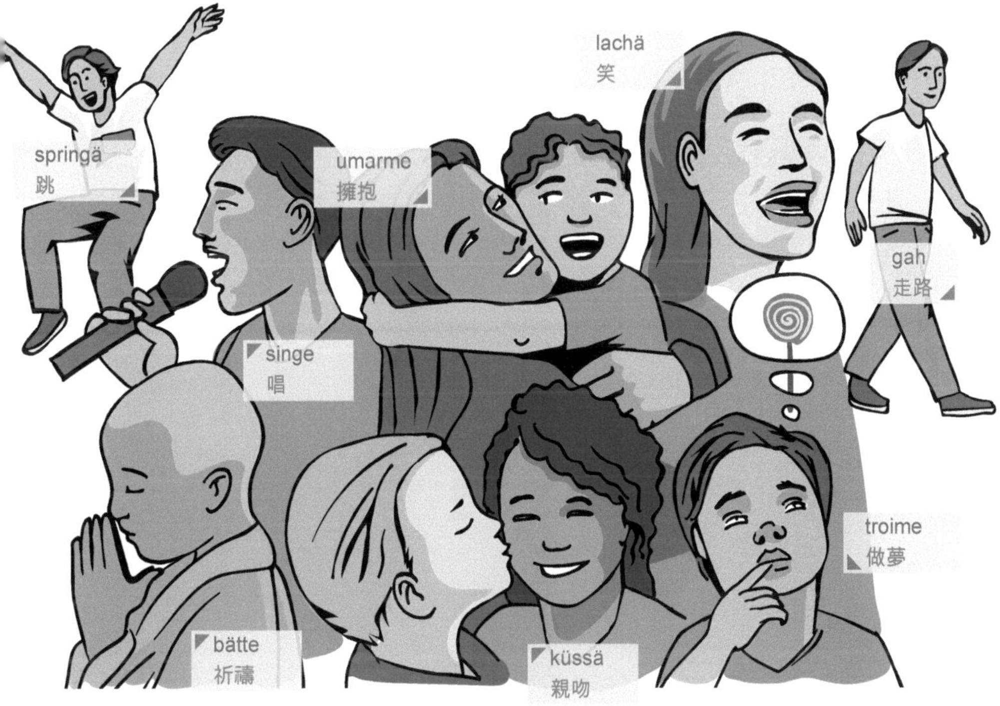

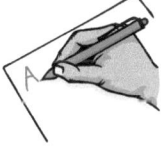

schribe

書寫

zeichne

畫

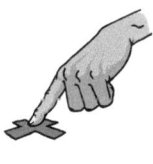

zeige

展示

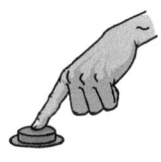

schiebe

推

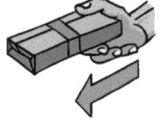

gäh

給

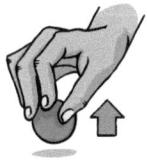

näh

拿

händ
.............
有

mache
.............
做

sy
.............
當

stah
.............
站

laufe
.............
跑

zieh
.............
拉

rüerä
.............
丟

fallä
.............
摔倒

ligge
.............
躺

warte
.............
等待

träge
.............
攜帶

sitze
.............
坐

ahzieh
.............
穿衣

schlafe
.............
睡覺

ufwache
.............
醒來

ahluege

看

brüele

哭

striichle

擊

bürste

梳頭

redä

交談

verschtah

明白

froog

問

lose

聽

trinke

喝

ässe

吃

ufruume

清理

liebe

愛

chochä

做飯

fahre

開車

flüge

飛

segle

航行

rächne

計算

läse

讀

leerä

學習

schaffe

工作

hürate

結婚

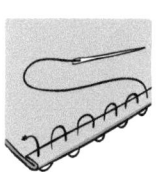

näije

縫

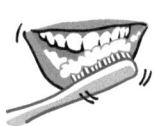

Zäh putze

刷牙

töte

殺

schlootä

抽菸

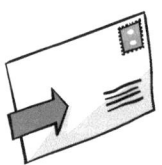

sände

寄

# Familiä
## 家

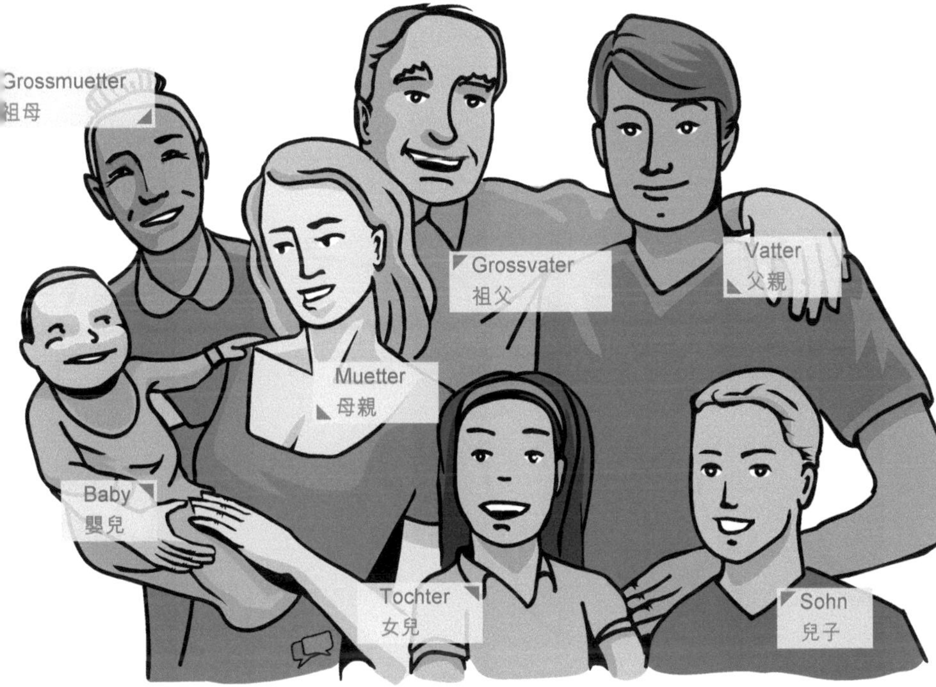
Grossmuetter
祖母
Grossvater
祖父
Vatter
父親
Muetter
母親
Baby
嬰兒
Tochter
女兒
Sohn
兒子

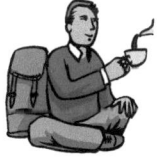

Gast

客人

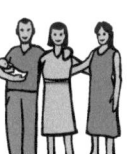

Tante

阿姨

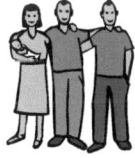

Unkel

叔叔

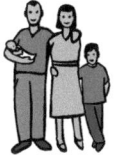

Brüeder

兄弟

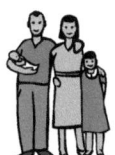

Schwöschter

姐妹

# Körpär

## 身體

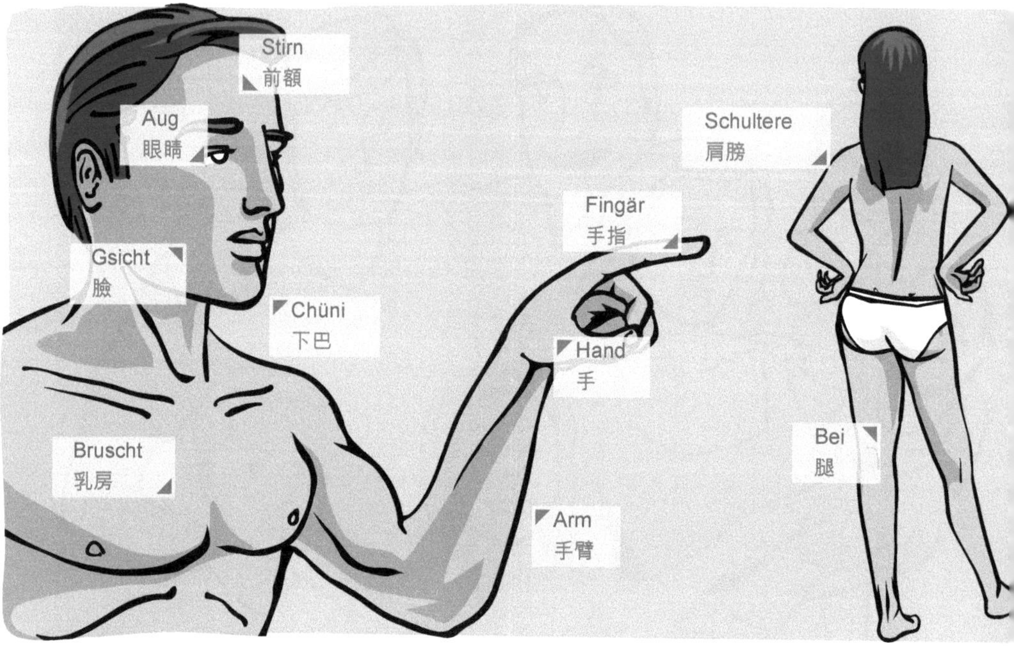

Stirn
前額
Aug
眼睛
Schultere
肩膀
Fingär
手指
Gsicht
臉
Chüni
下巴
Hand
手
Bei
腿
Bruscht
乳房
Arm
手臂


Baby

婴兒

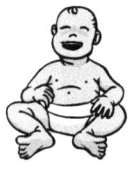

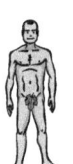

Mah

男人

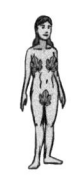

Frau

女人

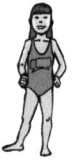

Meitli

女孩

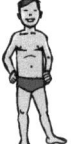

Bueb

男孩

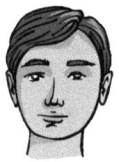

Chopf

頭

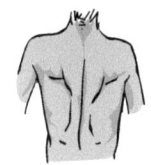

**Ruggä**

背部

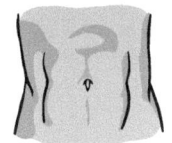

**Buuch**

肚子

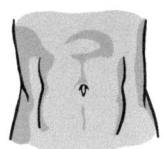

**Buchnabel**

肚臍

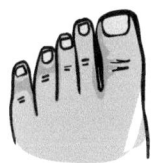

**Zäche**

腳趾

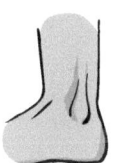

**Fersä**

腳後跟

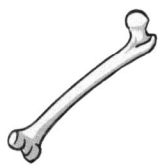

**Knoche**

骨頭

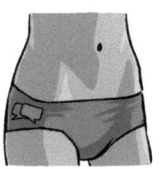

**Hüfte**

臀部

**Chnü**

膝蓋

**Ellbogä**

手肘

**Nase**

鼻子

**Füdli**

屁股

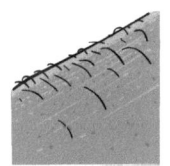

**Hut**

皮膚

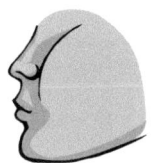

**Bagge**

臉頰

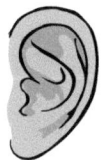

**Ohr**

耳朵

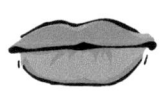

**Lippe**

嘴唇

Muul

嘴

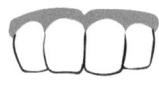

Zah

牙齒

Zungä

舌頭

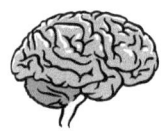

Hirni

腦

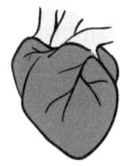

Härz

心臟

Muskel

肌肉

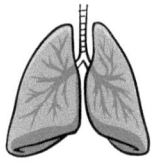

Lungä

肺

Läberä

肝臟

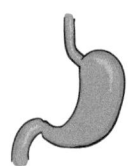

Magen

胃

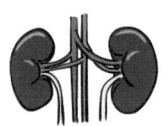

Nierä

腎臟

Gschlächtsvrkehr

性交

Kondom

保險套

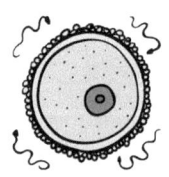

Eizälle

卵子

Soome

精子

Schwangerschaft

懷孕

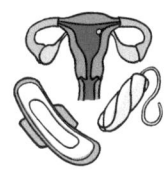

Menstruation

月事

Vagina

陰道

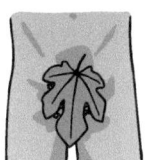

Penis

陰莖

Augebrauä

眉毛

Haar

頭髮

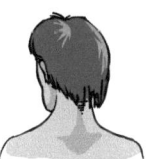

Hals

脖子

# Spital
## 醫院

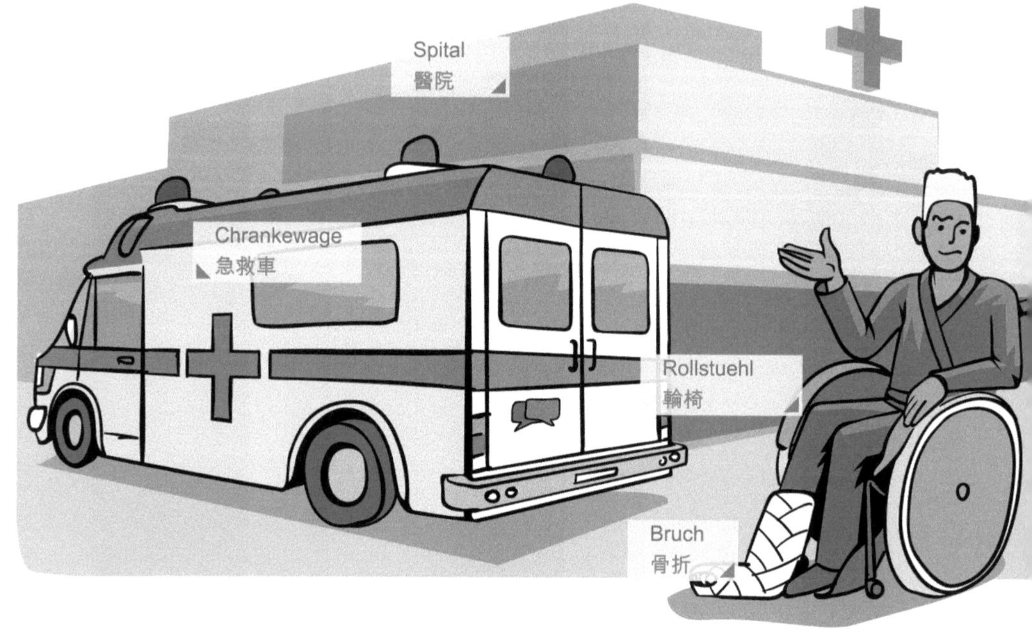

Spital
醫院
Chrankewage
急救車
Rollstuehl
輪椅
Bruch
骨折

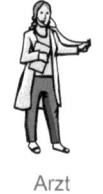

Arzt
醫師

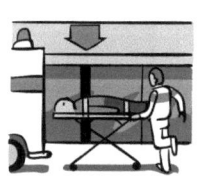

Notufnahm
急診室

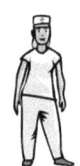

Chrankeschwöschter
護理師

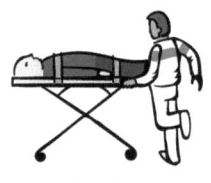

Notfall
緊急情形

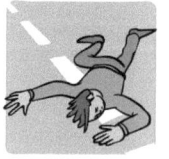

ohnmächtig
昏迷

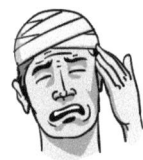

Schmärz
痛

**Verletzig**
受傷

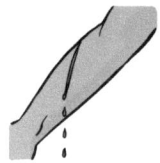

**Bluätig**
出血

**Härzinfarkt**
心臟病發作

**Schlagahfall**
中風

**Allergie**
過敏

**Hueschtä**
咳嗽

**Fieber**
發燒

**Grippe**
流感

**Durchfall**
腹瀉

**Kopfschmärze**
頭痛

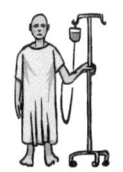

**Kräbs**
癌症

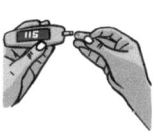

**Diabetes**
糖尿病

**Chirurg**
外科醫師

**Skalpell**
手術刀

**Operation**
手術

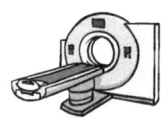

CT
電腦斷層掃描

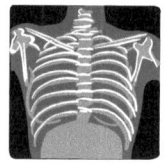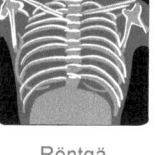

Röntgä
X光

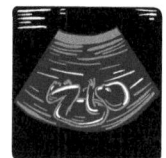

Ultraschall
超音波

Gsichtsmaske
口罩

Krankhet
疾病

Wartezimmer
候診室

Krückä
拐杖

Pflaster
石膏

Vrband
繃帶

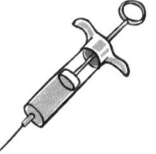

Injektion
注射

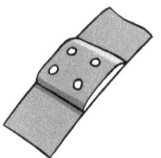

Stethoskop
聽診器

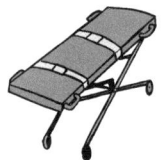

Trage
擔架

Thermometer
體溫計

Geburt
出生

Übergwicht
超重

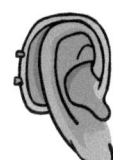

Hörgrät

助聽器

Desinfektionsmittel

消毒液

Infektion

感染

Virus

病毒

HIV / AIDS

愛滋病

Medizin

藥物

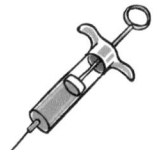

Impfig

接種疫苗

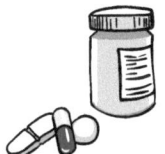

Tablette

藥片

Pille

藥丸

Notruef

急救電話

Bluetdruck-Mässgrät

血壓計

chrank / gsund

生病/健康

Alarm

警報

Überfall

突擊

Hiufe!

救命！

Ahgriff

攻擊

Gfohr

危險

Notuusgang

緊急出口

Füür!

失火了！

Füürlöscher

滅火器

Unfall

意外

Ersti-Hilf-Koffer

急救箱

SOS

呼救訊號

Polizei

員警

Europa

歐洲

Nordamerika

北美洲

Südamerika

南美洲

Afrika

非洲

Asie

亞洲

Auschtralie

澳洲

Atlantik

大西洋

Pazifik

太平洋

Indische Ozean

印度洋

Antarktische Ozean

南冰洋

Arktische Ozean

北冰洋

Nordpol

北極

Südpol

南極

Antarktis

南極洲

Ärde

地球

Land

陸地

Meer

海

Inslä

島

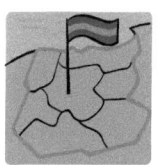

Nation

國家

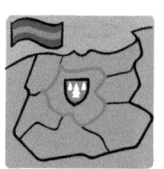

Staat

州

Ziffereblatt

錶盤

Stundezeiger

時針

Minutezeiger

分針

Sekundezeiger

秒針

Wie spaht isch es?

現在幾點？

Tag

天

Zit

時間

jetzt

現在

Digitaluhr

電子錶

Minute

分

Stunde

時

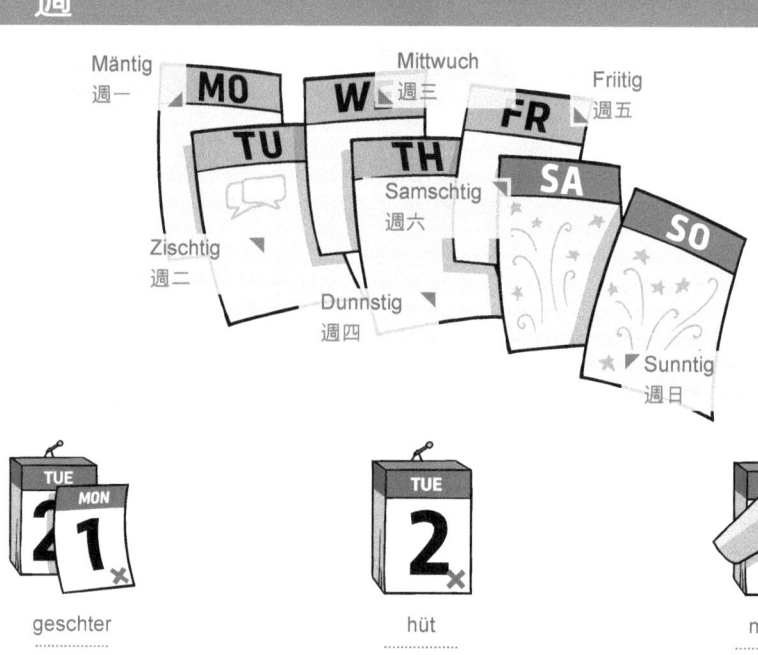

Mäntig 週一 · MO
Zischtig 週二 · TU
Mittwuch 週三 · W
Dunnstig 週四 · TH
Friitig 週五 · FR
Samschtig 週六 · SA
Sunntig 週日 · SO

geschter
昨天

hüt
今天

morn
明天

Morgä
早晨

Mittag
中午

Aabig
晚上

| MO | TU | WE | TH | FR | SA | SU |
|----|----|----|----|----|----|----|
| 1 | 2 | 3 | 4 | 5 | 6 | 7 |
| 8 | 9 | 10 | 11 | 12 | 13 | 14 |
| 15 | 16 | 17 | 18 | 19 | 20 | 21 |
| 22 | 23 | 24 | 25 | 26 | 27 | 28 |
| 29 | 30 | 31 | 1 | 2 | 3 | 4 |

Wärktag
工作日

| MO | TU | WE | TH | FR | SA | SU |
|----|----|----|----|----|----|----|
| 1 | 2 | 3 | 4 | 5 | 6 | 7 |
| 8 | 9 | 10 | 11 | 12 | 13 | 14 |
| 15 | 16 | 17 | 18 | 19 | 20 | 21 |
| 22 | 23 | 24 | 25 | 26 | 27 | 28 |
| 29 | 30 | 31 | 1 | 2 | 3 | 4 |

Wuchenänd
週末

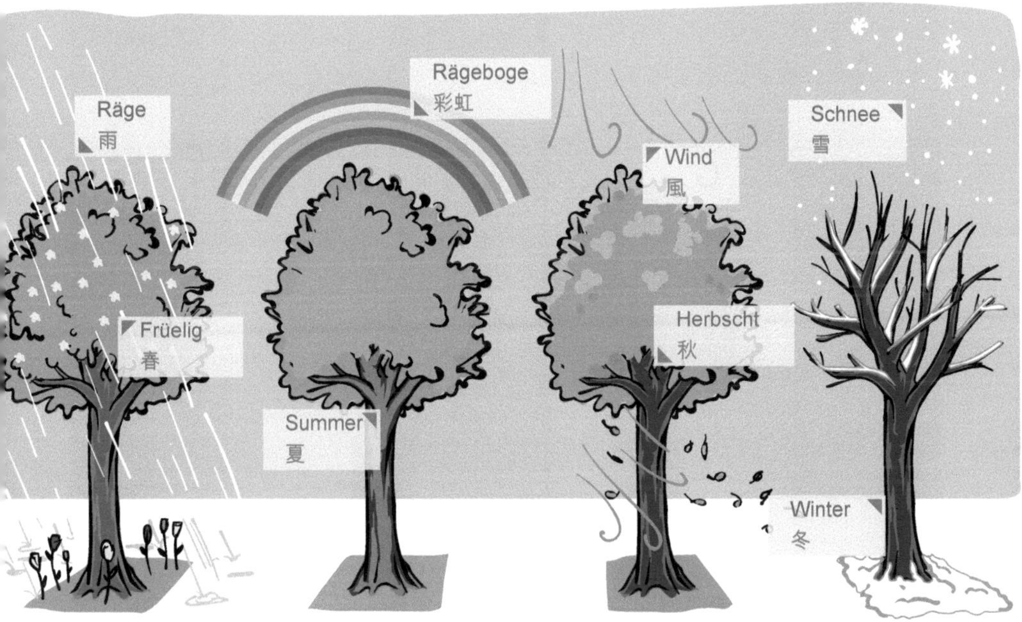

Räge
雨
Rägeboge
彩虹
Wind
風
Schnee
雪
Früelig
春
Herbscht
秋
Summer
夏
Winter
冬

4.APRIL 11°
5.APRIL 4°
6.APRIL 13°
7.APRIL 8°
8.APRIL 10°

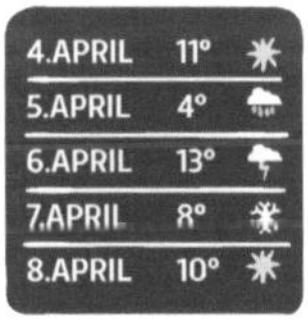

Wättervorhärsag

天氣預告

Thermometer

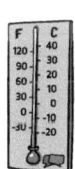

溫度計

Sunneschiin

陽光

Wolkä

雲

Näbel

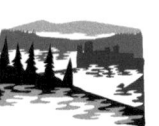

霧

Fiechtigkeit

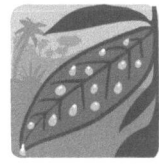

潮濕

Blitz

閃電

Dunner

打雷

Sturm

風暴

Hagel

冰雹

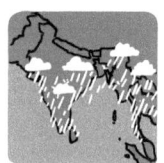

Monsun

季風

Fluet

洪水

Iis

冰

Januar

一月

Februar

二月

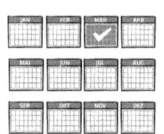

März

三月

April

四月

Mai

五月

Juni

六月

Juli

七月

Auguscht

八月

Septämber

········································

九月

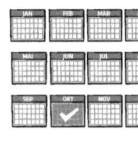

Oktober

········································

十月

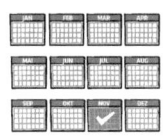

Novämber

········································

十一月

Dezämber

········································

十二月

# Forme

## 形狀

Kreis

········································

圓形

Quadrat

········································

正方形

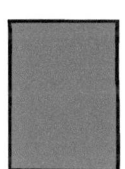

Rächteck

········································

長方形

Dreieck

········································

三角形

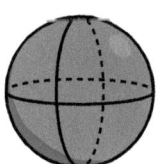

Chugele

········································

球體

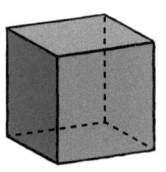

Würfel

········································

立方體

wiss

白

gäl

黃

orange

橙

pink

粉

rot

紅

liila

紫

blau

藍

grüen

綠

bruun

棕

grau

灰

schwarz

黑

viel / wenig

很多/少許

hässig / ruhig

生氣/平靜

hübsch / hässlich

美/醜

Ahfang / Ändi

首/尾

gross / chli

大/小

hell / dunkel

明/暗

Brüeder / Schwöschter

兄弟/姐妹

suuber / dräckig

乾淨/骯髒

vollständig / unvollständig

完整/缺失

Tag / Nacht

白天/晚上

tot / läbig

死/生

breit / schmal

寬/窄

ässbar / nid ässbar

可食用/非食用

bös / fründlich

邪惡/善良

uffreggt / glangwilt

興奮/無聊

dick / dünn

胖/瘦

zerscht / zletscht

第一/最後

Fründ / Find

朋友/敵人

voll / läär

滿/空

hart / weich

硬/軟

schwer / liecht

重/輕

Hunger / Durscht

餓/渴

chrank / gsund

生病/健康

illegal / legal

非法/合法

intelligänt / gatz

聰明/愚笨

links / rächts

左/右

nöch / wiit weg

近/遠

neu / bruucht

新/舊

nüt / öpis

沒有/有些

alt / jung

老/幼

ah / uss

開/關

offe / zue

打開/闔上

lislig / luut

安靜/吵鬧

riich / arm

富/窮

richtig / falsch

對/錯

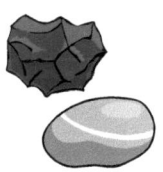

rau / glatt

粗糙/光滑

truurig / glücklich

傷心/高興

churz / lang

短/長

langsam / schnäll

慢/快

nass / trochä

濕/乾

warm / chalt

溫暖/涼爽

Chrieg / Friede

戰爭/和平

**0**

Null

零

**1**

eis

一

**2**

zwei

二

**3**

drü

三

**4**

vier

四

**5**

foif

五

**6**

sächs

六

**7**

sibe

七

**8**

acht

八

**9**

nün

九

**10**

zäh

十

**11**

elf

十一

**12**

zwölf

十二

**13**

drizäh

十三

**14**

vierzäh

十四

**15**

füfzäh

十五

**16**

sächzäh

十六

**17**

siebzäh

十七

**18**

achtzäh

十八

**19**

nünzäh

十九

**20**

zwänzg

二十

**100**

Hundert

百

**1.000**

Tuusig

千

**1.000.000**

Million

百萬

# Sprache

語言

Änglisch

英語

Amerikanischs Änglisch

美式英語

Chinesisch Mandarin

普通話

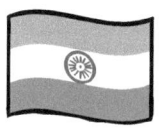

Hindi

印地語

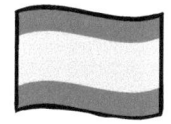

Spanisch

西班牙語

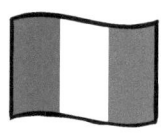

Französisch

法語

Arabisch

阿拉伯語

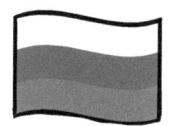

Russisch

俄語

Portugiesisch

葡萄牙語

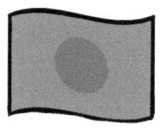

Bengalisch

孟加拉語

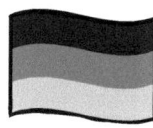

Dütsch

德語

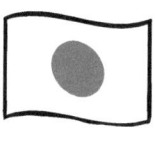

Japanisch

日語

ich
我

du
你

är / sie / es
他/她/它

mir
我們

ihr
你們

sie
他們

wär?
誰？

was?
什麼？

wie?
如何？

wo?
何處？

wänn?
何時？

Name
名字

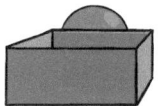

hinder

後面

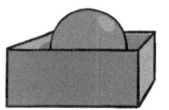

in

裡面

vor

前面

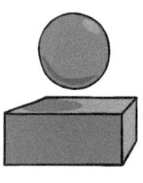

über

上方

uf

上面

under

下麵

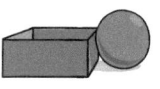

näbe

旁邊

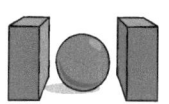

zwüsche

中間

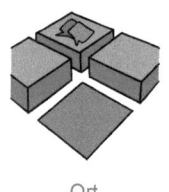

Ort

地點